FRANZ BRANDL

Cocktails hoch 3

100 Klassiker mit je drei Zutaten

FRANZ BRANDL

Cocktails hoch 3

100 Klassiker mit je drei Zutaten

Für meine lieben Freunde
Jürgen und Giulia,
für Jessica und Jasmin

südwest

Inhalt

Vorwort

Lieber Cocktailfreund,

mit dem hier vorliegenden Buch wurde erstmals ein ganz neuer Weg beschritten, denn es werden nur Drinks mit zwei oder drei Zutaten vorgestellt. Seit jeher war der Sinn des Mixens eine Alkoholreduzierung, oder man versuchte, durch das Zusammenfügen mehrerer Komponenten, das Optimum an Geschmack herauszuholen – oder auch den Alkohol zu überdecken. Nachdem man ab den 1980er-Jahren begann, viele neue Drinks mit immer mehr Zutaten zu kreieren, kehrte man dagegen vor einigen Jahren doch wieder zum Ursprünglichen und Einfachen zurück. Vorbei ist die Zeit, in der man glaubte, man müsse eine Spirituose mit drei Sirupen und fünf Fruchtsäften »töten«.

Den Anlass zur damals ausufernden Entwicklung schuf das Angebot an vielen neuartigen Spirituosen, Likören, Sirupen und Fruchtsäften. Diese Entwicklung ermöglichte jedoch auch das Mixen weltbekannter Klassiker, die vorher aufgrund der fehlenden Zutaten nicht machbar waren. Weltberühmte Drinks wie Piña Colada waren somit erst ab 1974 durch die Cream of Coconut und Caipirinha sogar erst ab den 1990er-Jahren mit dem dauerhaften Import von Limetten auch bei uns möglich.

Ein Meilenstein war auch das sogenannte Cassis-Urteil des Europäischen Gerichtshofs von 1978. Dies besagte dass jedes in einem EU-Mitgliedsland nach den Gesetzen des Landes rechtmäßig hergestellte Produkt zur Einfuhr zugelassen werden muss, auch wenn es nicht den Vorschriften des einführenden Landes entspricht. Ab dieser Zeit musste z. B. der französische Cassislikör nicht mehr mit Alkohol verstärkt, sondern konnte in der niedrigeren Originalstärke importiert werden. Dieses Urteil öffnete den deutschen Markt auch für die damals neu entwickelten Creamliköre. Auch bis dahin nicht verfügbare niedrigprozentige Liköre kamen damit auf den Markt und belebten die Fantasie der Mixer. Nun war es möglich, mit dem Geschmack von Melonen, Pfirsichen oder Maracujas neue Rezepte zu entwickeln. Bis dahin zeichnete sich das Angebot an Mixdrinks vor allem durch Tristesse und Monotonie aus. Die Drinks waren entweder Gelb (durch Orangensaft) oder Rot (durch Grenadine). Die Farbe Blau stand für Kopfschmerzen und nicht wie heute für Karibik, Strand und Urlaub. Grüne Drinks waren nur durch Pfefferminzlikör möglich, und der war, mit wenigen Ausnahmen wie dem Grasshopper, bei uns wenig beliebt. Bis vor dreißig Jahren gab es letztendlich auch nur wenige Sirupe, und mit den neuen Sorten begann auch die Zeit der alkoholfreien Mixgetränke.

Die 100 Drinks in diesem Buch habe ich in acht Basisgruppen geordnet und bei der Rezeptauswahl darauf geachtet, dass die Zutaten gut erhältlich sind. Zucker, Honig, Sodawasser und Gewürze wie z. B. Pfeffer oder Tabasco habe ich nicht als Zutat gezählt. Sie sind ohnehin in jedem Haushalt zu finden. Die Dekoration hat meist keinen Einfluss auf den Geschmack des Drinks und zählt somit auch nicht als Zutat.

Im Grunde kommt man beim Mixen mit den drei wichtigsten Komponenten, nämlich dem Basisprodukt, meist eine Spirituose, und süß/sauer aus (Whisky Sour, Daiquiri, Caipirinha). Weitere Grundkombinationen bestehen aus einer Spirituose und einem Vermouth oder Aperitifwein (Martini Cocktail, Manhattan) oder einer Spirituose mit einem süßen Begleiter (B and B). Auch für viele Sahnedrinks (Brandy Alexander, Grasshopper) benötigt man nur drei Zutaten. Auch bei neuen Kreationen sollte man mit drei Zutaten beginnen. Steht diese Basis, kann man immer noch mit einer weiteren Komponente abrunden.

Mit einem herzlichen »shake it easy«
Ihr Barmeister

Franz Brandl

Cocktails mit Gin

Der anpassungsfähige Gin ist die klassische Mixspirituose. Er stellt die alkoholische Basis für den Martini Cocktail, den meistgetrunkenen Cocktail überhaupt. Auch bei den Longdrinks ist der Gin Tonic die unbestrittene Nummer eins. Seine weiche Note und sein von Wacholder und weiteren »Botanicals« bestimmtes Aroma prägen unverkennbar jeden Drink.

Gin

Der Gin ist ein direkter »Nachfahre« des holländischen Genever, hat sich aber in England ab 1700 so eigenständig fortentwickelt, dass man zu Recht seinen Ursprung der Insel zuspricht. Der Name Genever leitet sich von »Genièvre«, der französischen Bezeichnung für Wacholder, ab und wurde in England zu Gin. Wacholder war und ist bis heute seine prägende Zutat und sein wesentlichstes Erkennungsmerkmal. Im späten 17. und frühen 18. Jahrhundert erlebte die Produktion von Gin einen ungeheueren Aufschwung, und die damals billigste aller Spirituosen wurde bald als »Mutters Ruin« bekannt und berüchtigt. Erst 1743 nahm sich eine verantwortungsvollere Gesetzgebung der schlimmen Zustände an. Die Erhebung von Steuern und die Kontrolle des Handels führten zum Niedergang der Hinterhofdestillen, und die allgemeine Qualität des Gins verbesserte sich. Der nächste große Schritt erfolgte 1830, als ein neu erfundener Destillierapparat, die »Coffey Still«, zum Einsatz kam. Das Prinzip der nun möglichen Destillation war das Vorreitermodell der heutigen Destillieranlagen. Der nun kultivierte Gin spielte in den im 19. Jahrhundert aufkommenden Bars eine bedeutende Rolle und auch außerhalb Englands verbreitete sich der Gin rasch. Unterstützt wurde seine Verbreitung durch das 1897 von Johann Jacob Schweppe entwickelte Tonic Water und durch die modern gewordenen Cocktails. Früher wurde Gin aus Korndestillaten hergestellt, heute muss es sehr hoch ausgebrannter (96% vol.) neutraler Alkohol landwirtschaftlichen Ursprungs sein. Dieser wird mit Wasser auf 60% vol. reduziert und zusammen mit Wacholderbeeren und sogenannten »Botanicals« – Anis, Angelika, Fenchel, Kalmus, Koriander, Orangen, Zimt, Zitronen u. a. – noch einmal destilliert. Der Mindestalkoholgehalt von Gin beträgt 37,5% vol. Manche Marken gibt es mit einer niedrigeren und einer höheren Grädigkeit. Diese bewegt sich meist zwischen 40% vol. und 47% vol., reicht aber auch bis 50% vol.

Hendrick's Gin

William Grant & Sons ist das größte unabhängige Unternehmen im schottischen Whiskygeschäft. Weltberühmt sind sein Malt Whisky Glenfiddich und der Grant's Blended Scotch. Im Jahr 1962 erbaute man in Girvan, an der Westküste Schottlands, eine Grain Distillery. In dieser südlich von Glasgow gelegenen Anlage wird der Hendrick's Gin hergestellt. Dafür wurden original Destillierapparate aus dem 19. Jahrhundert gekauft und wieder instand gesetzt. Alles an Hendrick's ist anders und außergewöhnlich. So werden in den kleinen, kupfernen Destillierapparaten jeweils nur kleine Chargen von 200 Litern hergestellt. Es wurde auch noch nie zuvor eine Flasche in dieser Form und Farbe eingesetzt. Sie ist einer im viktorianischen Zeitalter gebräuchlichen Apothekenflasche nachempfunden und absolut unüblich für Gin. Beim Wichtigsten, dem Inhalt, ging man ebenfalls völlig neue Wege und löste damit bei seiner Weltpremiere ein kleines Erdbeben aus. Denn dieser Gin war etwas völlig Neues. Höchste Qualität gab es auch schon vorher, doch mit dem Hendrick's verließ man eingefahrene Gleise. Am meisten bewundert wurde die Novität der Würzkomposition. Neben den traditionellen Zutaten wurde hier mit dem blumigen Duft nach Rosen und dem erfrischenden Aroma von Gurken etwas völlig Neues vorgestellt. Dazu kam noch der Alkoholgehalt mit 44% vol. und die Empfehlung, für einen Hendrick's mit Tonic Water, anstelle der klassischen Zitronen- oder Limettenzugabe, doch ein Stück Salatgurke zu nehmen. Es war ein großes Experiment, doch heute ist Hendrick's der Star im Premium-Gin-Segment und weltweit auf den internationalen Märkten bestens etabliert.

Gin Tonic

4-6 cl Gin

kaltes Tonic Water

½ Zitronen- oder
Limettenscheibe

Zubereitung Einige Eiswürfel in ein Longdrinkglas geben und den Gin dazugießen. Mit kaltem Tonic Water auffüllen. Eine halbe Zitronen- oder Limettenscheibe als Garnitur und einen Stirrer dazugeben.

Cranberry Cooler

6 cl Gin

12 cl Orangensaft

2 cl Cranberrysirup

½ Orangenscheibe

Zubereitung Ein Longdrinkglas mit grob zerschlagenen Eiswürfeln füllen. Gin und Orangensaft dazugeben und mit einem Barlöffel gut verrühren. Den Cranberrysirup darübergießen. Eine halbe Orangenscheibe als Garnitur und Trinkhalme dazugeben.

Martini Cocktail

Foto Seite 8

6 cl Gin

1 cl Vermouth Dry

1 grüne Olive mit Stein oder
1 Stück Zitronenschale

Zubereitung In ein Rührglas trockene Eiswürfel geben. Gin und Vermouth Dry dazugießen und mit einem Barlöffel gut verrühren. Dann in ein vorgekühltes Martiniglas abgießen. Eine grüne Olive dazugeben oder mit einer Zitronenschale abspritzen.

Anmerkung *Der herbe und alkoholstarke Martini Cocktail gilt als König der Cocktails. Jeder Martinitrinker schwört auf sein persönliches Mischungsverhältnis von Gin und Vermouth.*

Caruso

3 cl Gin

1 cl Crème de Menthe grün

2 cl Vermouth Dry

Zubereitung In ein Rührglas Eiswürfel geben. Gin, Crème de Menthe und Vermouth Dry dazugießen und mit einem Barlöffel gut verrühren. In ein vorgekühltes Cocktailglas abgießen. Diesen einfachen, aber hoch aromatischen Drink kann man auch direkt in einem kleinen Tumbler mit Eiswürfeln anrichten.

Anmerkung *Manche Rezepte geben die Verwendung der Zutaten in drei gleichen Teilen an. Wer die Frische der Pfefferminze liebt, kann auch nur diesen Anteil erhöhen.*

Gimlet

4 cl Gin

2 cl Rose's Lime Juice

Limettenschale

Zubereitung In ein Rührglas trockene Eiswürfel geben. Gin und Rose's Lime Juice dazugießen und mit einem Barlöffel gut verrühren. Dann in ein vorgekühltes Cocktailglas abgießen. Mit einem Stück Limettenschale abspritzen.

Anmerkung *Gimlets werden in den unterschiedlichsten Bemessungen gemixt. Die Bandbreite reicht vom Verhältnis 5:1 bis zur milden Variante mit gleichen Teilen. Gimlets eignen sich hervorragend als Aperitif. Dafür sorgt die Säure des Limettensirups von Rose's, der übrigens der erste konservierte Fruit Drink der Welt war.*

Bijou

2 cl Gin

2 cl Chartreuse grün

2 cl Vermouth Dry

Zubereitung In ein Rührglas Eiswürfel geben und Gin, Chartreuse und Vermouth Dry dazugießen. Mit einem Barlöffel gut verrühren und in ein vorgekühltes Cocktailglas abgießen. Diesen einfachen, aber aromatischen Drink kann man auch direkt in einem Tumbler mit Eiswürfeln anrichten.

Anmerkung *Einen nahen Bezug zum Bijou hat das Rezept des Alaska. Dieser besteht aus 4 cl Gin und 2 cl Chartreuse gelb. Bei beiden Rezepten prägt die Chartreuse die Intensität der Drinks.*

Gin Sour

links im Foto

5 cl Gin

3 cl Zitronensaft

2 cl Zuckersirup

½ Orangenscheibe und
1 Cocktailkirsche

Zubereitung Gin, Zitronensaft und Zuckersirup im Shaker mit Eiswürfeln kräftig schütteln und in ein kleines Stielglas oder in einen kleinen Tumbler auf einige Eiswürfel abgießen. Orangenscheibe und Cocktailkirsche als Garnitur dazugeben.

Anmerkung *Der Gin Sour ist einer der »großen Drei« der Gin-Zitrone-Zucker-Rezepte, zu denen auch Gin Fizz und Tom Collins zählen. Diese bestehen aus den gleichen Zutaten, werden aber mit Soda Water aufgefüllt. Der Gin Fizz wird ohne Eiswürfel in einem mittelgroßen Becherglas, der Tom Collins in einem Longdrinkglas mit Eiswürfeln angerichtet. Dazu kommen beim Tom Collins eine halbe Orangenscheibe und eine Cocktailkirsche.*

Silver Jubilee

rechts im Foto

4 cl Gin

2 cl Crème de Banane

4 cl Sahne

Zubereitung Gin, Crème de Banane und Sahne im Shaker mit Eiswürfeln kräftig schütteln und in eine Cocktailschale abgießen.

Anmerkung *Ein milder Drink auf der Basis Spirituose-Likör-Sahne mit feinem Bananengeschmack. Bereits in den 1960er-Jahren war der Silver Jubilee neben dem Brandy Alexander und dem Grasshopper ein Begriff.*

White Lady
links im Foto

4 cl Gin

2 cl Cointreau

2 cl Zitronensaft

Zitronenschalenspirale

Zubereitung Gin, Cointreau und Zitronensaft im Shaker mit Eiswürfeln kräftig schütteln und in eine Cocktailschale abgießen. Eine Zitronenschalenspirale als Garnitur dazugeben.

Anmerkung *Die White Lady zählt zu den Top Ten der Cocktailgeschichte. Bereits 1930 wurde die White Lady mit dieser Rezeptur im berühmten »Savoy Cocktail Book« erstmals erwähnt. Eine farbigere Variante ist die Blue Lady. Für sie wird der Cointreau durch Curaçao Blue ersetzt. Als Garnitur eignet sich für beide eine Zitronenschalenspirale*

Paradise
rechts im Foto

4 cl Gin

2 cl Apricot Brandy

2 cl frisch gepresster Orangensaft

½ Orangenscheibe

Zubereitung Gin, Apricot Brandy und Orangensaft im Shaker mit Eiswürfeln kräftig schütteln und in eine Cocktailschale abgießen. Eine halbe Orangenscheibe als Garnitur dazugeben.

Anmerkung *Eine mildere Variante der White Lady und wie diese ebenfalls bereits 1930 im »Savoy Cocktail Book« erwähnt.*

Cocktails mit Wodka

Wodka, das »Wässerchen«, ist das Nationalgetränk Russlands, doch auch Polen beansprucht die Ehre der Urheberschaft. Erst ab den 1960er-Jahren wurde der Wodka auch im Westen salonfähig und neben dem Gin zur wichtigsten »weißen« Spirituose an der Bar. Einen Großteil seines Erfolgs verdankt er seiner Neutralität und seiner Anpassungsfähigkeit.

W o d k a

Die Wodkakultur entwickelte sich in Russland und Polen wahrscheinlich parallel, und bis Anfang des 20. Jahrhunderts war Wodka nur in diesen beiden Ländern bekannt. Erst nach dem Ersten Weltkrieg begannen russische Emigranten außerhalb ihrer Heimat mit der Wodkaproduktion. Das Land mit den meisten und größten Erzeugern ist nach wie vor Russland. Da die Herstellung von Wodka überall möglich ist, entstanden in vielen westlichen Ländern, hauptsächlich in Skandinavien, den USA und Großbritannien, neue Wodkamarken, die heute zu den meistverkauften Spirituosen zählen. Wodka ist die reinste und neutralste klare Spirituose und hat weder Aroma, Bouquet noch einen speziellen Geschmack. Alles was herkömmliche Spirituosen auszeichnet, fehlt ihm, und jeder Hersteller versucht, diesem Ziel möglichst nahezukommen. Man brennt Wodka hauptsächlich aus Getreide, meist Roggen oder Weizen, und seltener aus Kartoffeln. Roggenwodkas gelten als kräftiger, Weizenwodkas als am saubersten und Kartoffelwodkas im Allgemeinen als schwerer und wuchtiger. Die Wahl des Rohstoffes, die Art der Destillation, das Filtern und schließlich auch der jeweilige Wassertyp sind die wesentlichen Faktoren bei seiner Herstellung. Es wird in der Regel zweimal, manchmal auch dreimal destilliert, und der Alkohol ist nach dem Brennen hochprozentig und rein. Dieser wird gefiltert (meist über Holzkohle) und auf Trinkstärke (mindestens 37,5% vol.) herabgesetzt. Neben den klassischen wasserklaren Wodkas werden auch aromatisierte Sorten hergestellt. Die ursprünglichsten sind Zubrovka (Grasovka), der mit kumarinhaltigem Büffelgras aromatisiert wird, und Pertsovka, dessen Aroma von Pfefferschoten und Kubebenpfeffer stammt. Zu diesen gesellten sich ab Mitte der 1990er-Jahre zahlreiche mit Früchten aromatisierte Sorten. Mittlerweile gibt es auch Vanillewodka, und man ist sich sicher, dass diesem noch weitere exotische Sorten folgen werden.

Russische und polnische Wodkas

Trotz der großen Vielfalt an Marken und Sorten gilt vielen Konsumenten, besonders den pur Trinkenden, nur der russische Wodka als »der echte Wodka«. Der durch und durch russische Moskovskaya genießt in Deutschland den höchsten Bekanntheitsgrad und zählt durch seine Präsenz seit 1965 zu den Urgesteinen der Wodkakultur. Für ihn stellen Roggen und Roggenmalz den Grundstoff, und einer dreimaligen Filtrierung durch Holzkohle und Quarz verdankt er seine Reinheit. Die größte und international meistverbreitete russische Wodkamarke ist der seit den 1950er-Jahren hergestellte Stolichnaya. Für den Export-Stolichnaya sind Weizen und ein kleinerer Anteil Roggen die Basis. Zur Milderung wird der Brand mit etwas Zucker versetzt, bevor er dann dreifach über Aktivkohle aus Birkenholz und Quarz gefiltert wird. Stolichnaya schmeckt durch diese dezente Zuckerung sehr mild. Vor einigen Jahren wurde der Stolichnaya »Elit« eingeführt. Dieser Ultra-Premium-Wodka wird nach speziellen Verfahren in der Destillationstechnik und der Filtrierung nach modernsten Erkenntnissen hergestellt. Ein Klassiker ist der polnische Grasovka. Diesem »Bison Brand Vodka« wird ein Halm eines in Ostpolen wachsenden Steppengrases zugegeben und der Wodka damit aromatisiert. Die in Polen lebenden Büffel (polnisch »Zubr«) lieben dieses Gras, und daher die Bezeichnung »Zubrovka«. Das kumarinhaltige Gras verleiht dem Zubrovka/Grasovka einen milden Waldmeistergeschmack und den leichten Farbton.

Woo Woo

3 cl Wodka

2 cl Pfirsichlikör

12 cl Cranberrynektar

1 Stück Pfirsich

Zubereitung Wodka, Pfirsichlikör und Cranberrynektar im Shaker mit Eiswürfeln gut schütteln und in ein Longdrinkglas auf Eiswürfel abgießen. Ein Pfirsichstück als Garnitur dazugeben.

Anmerkung *Dieser fruchtige Drink ist eine der vielen Varianten des populären Klassikers Sex on the Beach, dessen Rezept zusätzlich Orangensaft enthält.*

Moscow Mule

Foto Seite 22

2 Limettenviertel

6 cl Wodka

kaltes Ginger Beer (Original)
oder Ginger Ale

Limettenschale

Zubereitung Einen Kupferkrug oder ein großes Glas zur Hälfte mit Eiswürfeln füllen. Den Saft der Limettenviertel darüber auspressen und die Limettenstücke dazugeben. Den Wodka dazugießen und mit Ginger Beer oder Ginger Ale auffüllen. Mit einer Limettenschale garnieren.

Caipirovka

1 Limette

6 cl Wodka

2 Barlöffel weißer, ersatzweise
brauner Rohrzucker

Zubereitung Die Limette in acht Teile zerschneiden und in einem großen Tumbler mit einem Holzstößel ausdrücken. Wodka und Rohrzucker dazugeben und mit einem Barlöffel vermischen. Das Glas mit Eiswürfeln oder grob zerschlagenen Eisstücken füllen und nochmals gut vermischen.

Anmerkung *Der Caipirovka ist der nächste »Verwandte« des original Caipirinha (Rezept Seite 90).*

Screwdriver

5 cl Wodka

12 cl frisch gepresster Orangensaft

½ Orangenscheibe

Zubereitung Ein Longdrinkglas zur Hälfte mit Eiswürfeln füllen und den Wodka dazugießen. Mit Orangensaft auffüllen und mit einem Barlöffel gut umrühren. Eine halbe Orangenscheibe als Garnitur und einen Stirrer dazugeben.

Anmerkung *Der Screwdriver ist ein in den 1950er-Jahren bekannt gewordener Longdrink. Die Legende erzählt, dass ein im Iran tätiger, amerikanischer Ölarbeiter seinen Drink mit einem Schraubenzieher »Screwdriver« umrührte. Dieser einfache Drink verlangt nach frisch gepresstem Orangensaft und wird mit Galliano zum Harvey Wallbanger (siehe rechts). Neben Wodka eignen sich viele Spirituosen und Liköre zum Mixen mit Orangensaft.*

Harvey Wallbanger

5 cl Wodka

12 cl frisch gepresster Orangensaft

1 cl Galliano

½ Orangenscheibe und 1 Cocktailkirsche

Zubereitung Ein Longdrinkglas zur Hälfte mit Eiswürfeln füllen und den Wodka dazugießen. Mit Orangensaft auffüllen und mit einem Barlöffel gut umrühren. Den Galliano darübergießen. Mit einer halben Orangenscheibe und einer Cocktailkirsche garnieren und einen Stirrer dazugeben.

Anmerkung *Beim Galliano ist man im Jahr 2008 wieder zu der bereits bis 1960 verwendeten Originalrezeptur zurückgekehrt. Seither präsentiert sich der Galliano wesentlich vielschichtiger, mit reduzierter Süße und einem Hauch von Anis.*

White Russian

4 cl Wodka

2 cl Kaffeelikör

leicht geschlagene Sahne

Zubereitung Wodka und Kaffeelikör in einem Rührglas mit Eiswürfeln gut verrühren und in ein kleines Stielglas abgießen. Die noch leicht flüssige Sahne als Haube darauf setzen.

Anmerkung *Seinen Ursprung hatte der White Russian im Black Russian, der ohne Sahne gemixt wurde. Beide sind exzellente After-Dinner-Drinks.*

Bloody Mary

links im Foto

schwarzer Pfeffer, Selleriesalz

2 Spritzer Tabasco

3 Spritzer Worcestershiresauce

4 cl Wodka

1 cl Zitronensaft

12 cl Tomatensaft

½ Zitronenscheibe oder
1 Stück Stangensellerie

Zubereitung In ein Longdrinkglas einige Eiswürfel, die Gewürze wie Pfeffer, Salz, Tabasco und Worcestershiresauce, Wodka und Zitronensaft geben. Tomatensaft dazugießen und mit einem Barlöffel gut umrühren. Man kann die Zutaten auch mit Eiswürfeln im Rührglas gut vermischen und dann in ein Becherglas ohne Eiswürfel abgießen. Halbe Zitronenscheibe oder 1 Stück Staudensellerie als Garnitur dazu geben.

Bull Shot

rechts im Foto

etwas schwarzer Pfeffer

1-2 Spritzer Worcestershiresauce

einige Tropfen Zitronensaft

5 cl Wodka

12 cl Consommé

Zubereitung In ein Longdrinkglas einige Eiswürfel, die Gewürze Pfeffer und Worcestershiresauce, den Zitronensaft und den Wodka geben. Die Consommé dazugießen und mit einem Barlöffel gut umrühren. Damit sich die Zutaten gut vermischen, kann man sie auch mit Eiswürfeln im Rührglas gut verrühren und dann in ein Becherglas ohne Eiswürfel abgießen.

Anmerkung *Dies ist der wirkungsvollste Katerkiller. Wo eine Bloody Mary nicht hilft, ist er die letzte Hoffnung. Der gewöhnungsbedürftige Geschmack verbessert sich bei jedem Schluck.*

Fireball

3 cl Wodka

3 cl Red Orange Liqueur

kaltes Tonic Water

½ Orangenscheibe

Zubereitung In ein Longdrinkglas einige Eiswürfel geben und Wodka und Red Orange Liqueur dazugießen. Mit kaltem Tonic Water auffüllen und eine halbe Orangenscheibe als Garnitur dazugeben.

Anmerkung *Dieser einfache Longdrink ist schnell gemixt, und seine Rezeptur ist sehr wandlungsfähig. Drinks mit einer Basisspirituose, einem Likör und einer Limonade oder einem Fruchtsaft gelingen fast immer.*

Melon Ball

3 cl Wodka

3 cl Midori Melonenlikör

12 cl Orangensaft

1 Stück Melone

Zubereitung Wodka, Midori Melonenlikör und Orangensaft mit Eiswürfeln im Shaker kräftig schütteln und in ein Longdrinkglas auf einige Eiswürfel abgießen. Ein Melonenstück als Garnitur dazugeben.

Anmerkung *Der Melon Ball ist ein aromatischer Drink mit dem frischen Geschmack von Wassermelonen. Man kann ihn, wie alle diese einfachen Mixturen, auch direkt im Glas anrichten.*

Orange Passion

2 cl Wodka

4 cl Passoã Maracuja Liqueur

12 cl frisch gepresster Orangensaft

½ Orangenscheibe

Zubereitung Wodka, Passoã Maracuja Liqueur und Orangensaft mit Eiswürfeln im Shaker kräftig schütteln und in ein Longdrinkglas auf einige Eiswürfel abgießen. Eine halbe Orangenscheibe als Garnitur dazugeben.

Anmerkung *Diese Mixkombination bietet viele Möglichkeiten. Die bevorzugten Spirituosen, Liköre und Fruchtsäfte mischt man je nach Alkoholgehalt und gewünschter Süße. Größere Mengen lassen sich in Karaffen (mit Eiswürfeln) vorbereiten oder Einzeldrinks auch direkt im Glas anrichten.*

Chi-Chi

6 cl Wodka

8 cl Ananassaft

2-4 cl Cream of Coconut
oder Kokossirup

1 Stück Ananas und/oder
1 Cocktailkirsche

Zubereitung Wodka, Ananassaft und Cream of Coconut im Elektromixer mit Crushed Ice mixen und in ein Longdrinkglas auf Crushed Ice abgießen. Als Garnitur eignet sich ein Stück Ananas und/oder eine Cocktailkirsche.

Anmerkung *Der Chi-Chi ist die Wodkaversion des Piña Colada (Seite 44). Die Zugabe von etwa 2 cl Sahne macht den Drink ohne Geschmacksveränderung sämiger. Die Süße ist abhängig von den Anteilen an Cream of Coconut oder Kokossirup.*

Sweet Maria

3 cl Wodka

3 cl Amaretto

3 cl Sahne

Schokoladenraspeln

Zubereitung Wodka, Amaretto und Sahne mit Eiswürfeln im Shaker kräftig schütteln und in eine Cocktailschale auf einige Eiswürfel abgießen. Mit Schokoladenraspeln als Garnitur bestreuen.

Anmerkung *Der Mandellikör trägt den Geschmack, und alle drei Zutaten lassen sich in der Menge variieren. Zum Bestreuen kann man auch Kaffee-, Kakao- oder Zimtpulver verwenden.*

Cocktails mit Rum

Sein Ursprung lag in der Karibik, und bis heute produziert man Rum auf den Inseln und den anliegenden Ländern in einer unglaublichen Vielfalt. Lange vorbei sind die Zeiten, in denen Rum ein rauer Piratentrank war. Rum ist heute mild, aromatisch und vornehm. Ob weiß, golden oder braun, Rum steht für Tropical Drinks und ist als Mixspirituose unverzichtbar.

Rum

Seit dem 19. Jahrhundert wurde der deutsche Rummarkt vom Jamaica-Rum-Verschitt dominiert. Diese heute nur noch in Deutschland zugelassene Spirituose besteht aus reinem Alkohol, Wasser und zu mindestens 5 % aus aromastarkem Rum. Er erlebte seine Blütezeit bis in die 1970er-Jahre, in denen Rum noch hauptsächlich für Grog und als Zugabe zum Tee verbraucht wurde. Die dann beliebter gewordenen Mixgetränke verlangten nach den Rumsorten der Karibik, und diese sind heute in großer Vielfalt zu haben.

Das Ausgangsprodukt für den Rum ist Zuckerrohr. Christoph Kolumbus brachte 1494 auf seiner zweiten Entdeckungsfahrt Zuckerrohrpflanzen mit nach Westindien und legte damit den Grundstein für eine der größten Spirituosensorten. Europäische Siedler stellten um 1630 auf der Insel Barbados erstmals Rum her. Das wichtigste Produktionsgebiet wurde später die Insel Jamaica. Mehrere Deutungen gibt es über den Ursprung des Namens. Eine glaubhafte Annahme ist, dass sein Name von »Saccharum«, dem lateinischen Wort für Zucker, abstammt. Doch auch die Ableitung von »Rumbullion« ist schlüssig. Damit bezeichnete man Krawall und Tumult, die sicher oft nach dem Genuss des auch »Kill Devil« genannten Rums ausbrachen.

Bei der Zuckerproduktion bleibt ein dickflüssiger dunkler Sirup, die Melasse, zurück. Diese wird mit Wasser verdünnt und nach der Vergärung destilliert. Anschließend muss das Destillat einige Zeit lagern. Bei der oft jahrzehntelangen Reifung in Holzfässern entsteht eine goldfarbene Tönung. Durch den Zusatz von Zuckerkulör (Karamell) erhält der Rum dann seinen endgültigen Farbton. Im Gegensatz dazu wird weißer Rum nur kurz in Holzfässern oder Stahltanks unter Sauerstoffzufuhr gelagert. Auf den Exportmärkten werden fast alle Rummarken der karibischen Inseln, Mittel- und Südamerikas angeboten. In Deutschland belegt Rum der karibischen Inseln bis heute die Spitzenplätze.

Mount Gay Barbados Rum

Die Insel Barbados ist die östlichste der Kleinen Antillen und der gesamten Karibik. Sie genießt den Ruhm, die Geburtsstätte des Rums zu sein. Barbados wurde um 1500 von den Spaniern entdeckt und kam 1625 in britischen Besitz. Bereits einige Jahre später begann die Rumproduktion und verbreitete sich von dort über die ganze Karibik. Zuckerrohr gelangte erstmals von Brasilien auf die Insel, doch bereits um 1640 verfügte man über erste eigene Plantagen.

Die Historie der heutigen Mount Gay Destillerie beginnt im Jahr 1663, in dem William Gay das Anwesen St. Lucy mit einer dazugehörenden Brennblase erwarb. Die auf den Flaschen angegebene Jahreszahl 1703 verweist auf das Jahr der Registrierung, und ab 1724 nannte man sich Mount Gay. 1908 übernahm A.Y. Ward das Unternehmen. Er hatte viele Jahre als Brennmeister die Destillerie geleitet, und bis heute steht sein Name auf den Etiketten. Von seinen Erben erwarb 1989 die Rémy Cointreau Group die Mehrheit und verhalf dadurch der Marke zu einer weltweiten Präsenz. Von den verschiedenen Sorten ist der »Eclipse« das bekannteste und beliebteste Produkt. Ihn gibt es seit 1910, und sein rätselhafter Name bezieht sich auf die Verfinsterung von Himmelskörpern am Südpol, um dessen erstes Erreichen damals Expeditionen konkurrierten. »Eclipse« ist der Rum, der mit einer rauchigen Holznote, dem süßen Vanilleton und dem dezenten Bittermandelgeschmack den Mount Gay berühmt gemacht hat. Eine weitere berühmte Sorte ist der »Eclipse Silver«, ein zwei Jahre gereifter weißer Rum, der durch Filterung entfärbt wurde.

Mojito

1 Barlöffel weißer Rohrzucker
oder Puderzucker

kaltes Sodawasser

2 Limettenviertel

3-4 Minzezweige

6 cl weißer Rum

Zubereitung In einem Longdrinkglas den Zucker mit etwas Sodawasser verrühren. Die Limettenviertel und 2 bis 3 Minzezweige dazugeben und mit einem Holzstößel ausdrücken. Das Glas mit grob zerschlagenen Eiswürfeln füllen. Den weißen Rum dazugießen und mit wenig Sodawasser auffüllen. Mit einem Barlöffel gut vermischen und einen Minzezweig als Garnitur dazugeben.

Anmerkung *Dieser Kubaklassiker ist seit Jahren ein In-Drink in den europäischen Bars. Seine Rezeptur birgt aber ein Problem. Da alle seine Zutaten im Einzelnen nicht sehr geschmacksintensiv sind, bringt die Überdosierung einer Zutat den Drink schnell aus dem Gleichgewicht. Hier hilft nur die persönliche Erfahrung.*

Piña Colada

Foto Seite 38

6 cl weißer Rum

8 cl Ananassaft

4 cl Cream of Coconut

1 Stück Ananas und
1 Cocktailkirsche

Zubereitung Weißen Rum, Ananassaft und Cream of Coconut im Elektromixer mit Crushed Ice mixen und in ein Longdrinkglas auf Crushed Ice abgießen. Die klassische Garnitur dafür ist ein Stück Ananas und eine Cocktailkirsche. Die Zugabe von etwa 2 cl Sahne macht den Drink ohne Geschmacksveränderung sämiger.

Anmerkung *Die Piña Colada wurde 1954 auf der Karibikinsel Puerto Rico kreiert. Anstelle von Ananassaft wurden damals frische Früchte verwendet. Seit Mitte der 1970er-Jahre ist Cream of Coconut auch bei uns erhältlich. Seither zählt die Piña Colada zu den beliebtesten Rum-Drinks.*

Cuba Libre

1 Limettenachtel

6 cl weißer Rum

kalte Cola

Zubereitung In ein Longdrinkglas einige Eiswürfel geben. Das Limettenachtel darüber auspressen und dazugeben. Den weißen Rum dazugießen und mit kalter Cola auffüllen.

Anmerkung *Der Cuba Libre ist einer der bekanntesten Rumdrinks der Welt. Sein Erfolg begann um 1900 mit der Verbreitung der Coca Cola.*

Daiquiri

5 cl weißer Rum

2-3 cl Limettensaft

1-2 cl Zuckersirup

Limettenschalenspirale

Zubereitung Weißen Rum, Limettensaft und Zuckersirup im Shaker mit Eiswürfeln kräftig schütteln und in eine Cocktailschale abgießen. Eine Limettenschalenspirale eignet sich zum Garnieren.

Anmerkung *Von diesem berühmten Kubadrink gibt es viele Varianten. Beliebt sind der Strawberry und der Banana Daiquiri. Dabei gibt man zum Grundrezept frische Früchte und oft anstelle des Zuckersirups Liköre oder Sirupe der gleichen Geschmacksrichtung. Die Fruchtdaiquiris bereitet man im Elektromixer oder man verwendet Fruchtpürees.*

Rum Sour

5 cl brauner Rum

2-3 cl Zitronensaft

1-2 cl Zuckersirup

½ Orangenscheibe und
1 Cocktailkirsche

Zubereitung Braunen Rum, Zitronensaft und Zuckersirup im Shaker mit Eiswürfeln kräftig schütteln und in ein kleines Stielglas oder in einen kleinen Tumbler auf einige Eiswürfel abgießen. Halbe Orangenscheibe und Cocktailkirsche als Garnitur dazugeben.

Anmerkung *Der Rum Sour ist dem Daiquiri sehr ähnlich. Seinen Ursprung hatte das Rezept jedoch nicht in Kuba, sondern es entstand als Ableitung vom Whisky Sour.*

Cocktails mit Tequila

Tequila ist eine der bekanntesten Spirituosen, doch das Wissen um ihn erschöpft sich meist mit Agave und Mexiko. Sein Imagewandel vom »harten Stoff« der Revolutionäre ist längst vollzogen und Geschichte. Auch die früheren Charakterisierungen »hart und rau« mussten schon vor Jahrzehnten den Aussagen »mild, sanft, vielschichtig und großartig« weichen.

Tequila

Zugegeben – sein Ruf ist nicht der Beste. Dies zwar zu Unrecht, doch der Ruf hält sich hartnäckig. Der Tequila hatte es in Deutschland nicht leicht. Das erste Kennenlernen erfolgte erst im Sog der Fußballweltmeisterschaft von 1970 in Mexiko. Nach dieser flachte das Interesse jedoch wieder ab und erst 1986, nach der zweiten WM in Mexiko, konnte sich der Tequila endgültig etablieren. Sein Ausgangsstoff ist eine einzige Agavenart, die blaue Agave Tequiliana Weberiana var. azul. Sie muss in der Provinz Jalisco, in der auch die Stadt Tequila liegt, und in einigen weiteren, genau abgegrenzten Gebieten wachsen. Alle anderen Agavendestillate nennt man Mezcal. Rund um die Stadt Tequila sieht man Agavenfelder in den unterschiedlichsten Wachstumsstadien. Wenn die Agaven nach etwa 6 bis 8 Jahren geerntet werden können, sind sie 30 bis 90 Kilogramm schwer. Bei der Ernte werden die Blätter abgetrennt und übrig bleibt das einer Ananas (»piña«) ähnelnde Stück. Die »piñas« werden zunächst zerteilt und gegart. Dabei fließt sogenanntes »aguamiel« (Honigwasser) ab. Dieses wird dann mit der Flüssigkeit, die beim anschließenden Zerkleinern und Pressen der gegarten »piñas« gewonnenen wird, zur Maische. Dieser kann, wenn zu wenig agaveneigener Zucker vorhanden ist, bis zu 49 % Fremdzucker zugesetzt werden. Reine Tequilas ohne Zuckerzusatz tragen später das Prädikat »100 % de Agave«. Das alkoholische Endprodukt der Vergärung wird anschließend zwei- oder auch dreifach destilliert. Frischer, wasserklarer Tequila wird als »Blanco« oder »Silver« (Plata) angeboten. »Reposado« (abgelagert) darf sich ein Tequila nach mindestens 60 Tagen Lagerung im Holzfass nennen. Das Prädikat »Añejo« (gealtert) weist auf eine Fassreifung von über einem Jahr hin, »Extra Añejos« reifen mindestens vier Jahre. Die »Gold«-Tequilas haben keine Reifung erfahren. Sie sind eingefärbte »Blancos«. Unter all diesen Sorten stellt der 100 % Agave-Tequila die höchste Qualität dar.

Milagro Tequila

Milagro (spanisch »Wunder«) ist eine Tequilanovität und wird in Deutschland erst seit 2007 angeboten. Milagro ist auf dem seit Jahren zunehmenden Tequilamarkt eine der wenigen Marken, die alle Sorten in 100 % Agave-Qualität anbietet. Die Marke Milagro ist jung, erfuhr aber in Fachkreisen bereits höchste Aufmerksamkeit. 2007 wurde Milagro auf der wichtigsten Spirituosenausstellung, der »San Francisco World Spirits Competitions« als »Best of Show White Spirits« und mit »Double Gold« geehrt. 2008 folgte »Gold« und wiederum »Double Gold«. Gegründet wurde das Unternehmen 1997 von den Mexikanern Moises Guindi und Daniel Schneeweiss. Beide setzen auf die traditionelle, aber aufwendigere Herstellungsmethode und produzieren so ein Premium-Tequila-Sortiment von herausragender Qualität. Verwendet werden nur Agaven im höchsten Reifestadium, es wird kein Fremdzucker zugesetzt und es wird dreifach destilliert.

MILAGRO SILVER präsentiert sich klar, jung und typisch. Ein idealer Tequila zum Mixen.

MILAGRO REPOSADO reift sechs Monate in Fässern aus Weißeiche. Er ist hell goldfarben und duftet nach exotischen Früchten, Nugat und Milchschokolade.

MILAGRO AÑEJO reift als Single Barrel 18 Monate in Fässern aus Weißeiche. Er ist hell bernsteinfarben, blumig, süß und mild. In seiner Aromenvielfalt lässt sich Schokolade und Bitterorange erkennen.

El Diablo

2 Limettenviertel
5 cl Tequila Blanco
2 cl Crème de Cassis
kaltes Ginger Ale

Zubereitung In ein großes Glas Eiswürfel geben, die Limettenviertel darüber auspressen und dazugeben. Tequila Blanco und Crème de Cassis dazugießen und mit kaltem Ginger Ale auffüllen. Mit einem Barlöffel umrühren.

Margarita

Foto Seite 46

4 cl Tequila

2 cl Cointreau

2 cl Zitronensaft

etwas Salz

Zubereitung Tequila, Cointreau und Zitronensaft mit Eiswürfeln im Shaker kräftig schütteln und in eine Margaritaschale mit Salzrand abgießen. Für den Salzrand den Glasrand in einem eingeschnittenen Zitronenviertel drehen und nur die Außenseite des Glases in eine mit Salz gefüllte Schale tupfen.

Tequila Sunrise

5 cl Tequila Blanco

12 cl frisch gepresster Orangensaft

1 cl Grenadine

1 Orangenscheibe

Zubereitung Tequila Blanco und Orangensaft mit Eiswürfeln im Shaker kräftig schütteln. Dann in ein Longdrinkglas auf grob zerschlagene Eiswürfel abgießen. Die Grenadine darübergießen. Eine Orangenscheibe als Garnitur und einen Stirrer dazugeben.

Vesuvius

4 cl Tequila Blanco

12 cl frisch gepresster Orangensaft

1½ cl Campari

1 Orangenscheibe

Zubereitung Tequila Blanco und Orangensaft mit Eiswürfeln im Shaker kräftig schütteln. Dann in ein Longdrinkglas auf grob zerschlagene Eiswürfel abgießen. Den Campari darübergießen. Eine Orangenscheibe als Garnitur und einen Stirrer dazugeben.

Holiday

5 cl Tequila

3 cl Zitronensaft

2 cl Grenadine

1 Zitronenscheibe

Zubereitung Tequila, Zitronensaft und Grenadine im Shaker mit Eiswürfeln kräftig schütteln und in einen Tumbler auf einige Eiswürfel abgießen. Eine Zitronenscheibe als Garnitur dazugeben.

Cocktails mit Cognac

Cognac steht für Genuss und Lebensart, und sein jahrhundertealtes Prestige fußt auf Geschichte, Beständigkeit und Qualität. Seit der Entwicklung der ersten Cocktailrezepturen ist Cognac eine der wichtigsten Spirituosen, und viele berühmte Cocktails und Mixgetränke präsentieren sich bis heute auf der Grundlage dieser edlen Zutat.

Cognac

Seit dem 17. Jahrhundert ist Cognac der beherrschende und stetig wachsende Wirtschaftszweig der Charente-Region und eines der bekanntesten Erzeugnisse Frankreichs. Cognac stammt einzig und allein aus dem im Südwesten liegenden Landesteil, dessen Mittelpunkt die Stadt Cognac ist.

Das 75 000 Hektar große Weinanbaugebiet Charente ist in sechs Regionen unterteilt, und jede hat ihre besonderen Eigenschaften. Als wertvollste werden dabei die Gebiete Grande Champagne und Petite Champagne angesehen. Es wird fast ausschließlich die Rebsorte Saint Emilion (Ugni blanc) angebaut. Sie bringt einen schwachalkoholischen, säurereichen Wein hervor, der destilliert wird und jahrelang in Eichenholzfässern reift. Nach mindestens 24 Monaten Reifezeit darf er als Cognac verkauft werden. Diese Cognacs sind als »Dreisterne«- und »V.S.«-Cognacs bekannt. Der meiste Cognac wird als »V.S.O.P.« verkauft. Er muss mindestens 4 Jahre gereift sein. Qualitativ hochwertigste Cognacs tragen nach 6 Jahren Reifung Bezeichnungen wie »Extra«, »X.O.«, »Vieux«, »Vieille Réserve«, »Napoléon« und weitere auf ein hohes Alter hinweisende Prädikate. Dies sind Qualitätsbezeichnungen, die lediglich das Mindestalter voraussetzen. Das tatsächliche, meist weit über die gesetzlich vorgeschriebene Zeit hinausgehende Alter wird durch die Qualitätspolitik der Hersteller bestimmt. Fast alle Cognacs sind Mischungen verschiedener Gebiete und Altersstufen. Für das Altersprädikat zählt jedoch immer das jüngste Destillat.

Ab 1860 war Cognac in mit Namen und Etiketten versehenen Flaschen erhältlich, und bis heute klären die Angaben auf den Etiketten aussagekräftig über die Qualität auf. Die Zahl der jährlich verkauften Flaschen beträgt ca. 200 Millionen. Davon sind mehr als die Hälfte »Qualités Supérieurs« (»V.S.O.P.« und älter). Den Cognacmarkt teilen zu 85 % die 30 größten Firmen unter sich auf. Führend sind die »großen Vier« Rémy Martin, Hennessy, Martell und Courvoisier.

Rémy Martin Cognac

Rémy Martin genießt weltweit höchstes Ansehen und ist auf allen internationalen Märkten vertreten. Die Firma wurde bereits 1724 gegründet und entwickelte sich stetig bis zur heutigen Größe. Rund 95 % der Produktion werden exportiert, davon über 85 % in »V.S.O.P.«- und höheren Qualitäten. Der »V.S.O.P.« ist die Hauptmarke und einer der größten Erfolge in der jüngeren Geschichte der internationalen Markenartikel. Dieser milde und ausgewogene Cognac ist in Deutschland in seiner Kategorie die führende Marke. Alle Rémy Martin Cognacs werden zudem nur aus Bränden der Grande und Petite Champagne komponiert. Neben den »V.S.O.P.« werden seit 2009 nur noch höherwertige Brände angeboten, und die Sorten »V.S.« und »Club« wurden eingestellt. Neu dazu kam dafür der »Cœur de Cognac« – ein Fine Champagne Cognac, abgefüllt in edle Karaffen. Er wird als sehr fruchtig und weich beschrieben. Diesen Umstand verdankt er einem speziellen Destillationsprozess, bei dem mit weniger Hitze und kleinen Destilliergeräten gearbeitet wird. Mit dem »X.O. Excellence« und dem »Extra« werden brillante Meisterwerke angeboten, und mit dem Spitzenprodukt »Louis XIII« wurde auch in Deutschland Cognacgeschichte geschrieben. Er war der Cognac, der ab dem Ende der 1970er-Jahre den ganzen Markt der Spitzenqualitäten erst schuf. Damals war er der einzige verfügbare Cognac seiner Güte und bewog alle anderen Hersteller zum Aufbruch in dieses Segment. »Rémy Louis XIII« mit seiner unbeschreiblichen Qualität wird in einer außergewöhnlichen und wertvollen Baccarat-Kristallkaraffe angeboten.

Port Cobbler
links im Foto

4 cl Cognac
6 cl Tawny Port
1 cl Maraschino
einige Himbeeren, Brombeeren, Walderdbeeren, Puderzucker

Zubereitung Ein großes Becherglas mit grob zerschlagenen Eiswürfeln füllen. Cognac, Tawny Port und Maraschino dazugeben und gut verrühren. Mit Beeren garnieren, diese mit Puderzucker bestreuen. Cocktailspieß und Trinkhalm dazugeben.

Brandy Alexander
rechts im Foto

3 cl Cognac
3 cl Crème de Cacao braun
3 cl Sahne
Muskatnuss

Zubereitung Cognac, Crème de Cacao und Sahne mit Eiswürfeln im Shaker kräftig schütteln und in eine Cocktailschale abgießen. Mit fein geriebener Muskatnuss dekorativ bestreuen.

Anmerkung *Der Brandy Alexander zählt zu den »Top Ten« der Cocktails und ist der bekannteste Sahnedrink.*

Sidecar

Foto Seite 54

4 cl Cognac

2 cl Cointreau

2 cl Zitronensaft

Zubereitung Cognac, Cointreau und Zitronensaft mit Eiswürfeln im Shaker kräftig schütteln und in eine Cocktailschale abgießen.

Anmerkung *Ein Klassiker und einer der berühmtesten Cocktails, der auf jeder Barkarte der Welt zu finden ist.*

Stinger

4 cl Cognac

2 cl Crème de Menthe weiß

Zubereitung Cognac und Crème de Menthe mit Eiswürfeln im Rührglas gut vermischen und in ein Cocktailglas abgießen. Er kann auch in einem kleinen Tumbler direkt angerichtet werden.

Anmerkung *Cognac und Crème de Menthe verbinden sich hier zu einem wohltuenden Digestif.*

B and B

3 cl Cognac

2 cl Bénédictine

Zubereitung Cognac und Bénédictine mit Eiswürfeln im Rührglas gut vermischen und in ein Cocktailglas abgießen. Er kann auch ohne Kühlung im kleinen Schwenker oder in einem kleinen Tumbler direkt auf Eis angerichtet werden.

Anmerkung *Ein Klassiker mit Stil und allen Eigenschaften eines perfekten After-Dinner-Drinks.*

Mont Blanc

3 cl Cognac

3 cl Cointreau

leicht geschlagene Sahne

Zubereitung Cognac und Cointreau im Rührglas mit Eiswürfeln vermischen und in ein kleines Stielglas abgießen. Die leicht geschlagene Sahne als Haube darauf setzen.

Rémy Cup

links im Foto

4 cl Rémy Martin Cognac

1 cl Grenadine

10 cl Maracujanektar

1 Stück Ananas und
1 Minzezweig

Zubereitung Rémy Martin Cognac, Grenadine und Maracujanektar im Shaker mit Eiswürfeln gut schütteln und in ein großes Becherglas auf Eiswürfel abgießen. Mit Ananasstück und Minzezweig garnieren.

Bonny Prince Charlie

rechts im Foto

3 cl Cognac

3 cl Drambuie Liqueur

3 cl Zitronensaft

Zitronenschalenspirale

Zubereitung Cognac, Drambuie Liqueur und Zitronensaft mit Eiswürfeln im Shaker kräftig schütteln und in eine Cocktailschale abgießen. Mit einer Zitronenschalenspirale garnieren.

Cocktails mit Whisky & Whiskey

Whiskys und Whiskeys zählen zu den berühmtesten Getränken der Welt, und in allen Staaten und Regionen, in denen er erzeugt wird, ist er auch das Nationalgetränk. Die ursprünglichen Whiskyländer Irland, Schottland, die USA und Kanada bieten unterschiedlich hergestellte Sorten an, und Whiskys aller Länder haben sich in der Cocktailgeschichte verewigt.

Whisky & Whiskey

Irland ist die Urheimat des Whiskeys, und von der grünen Insel aus verbreitete sich die Kunst der Herstellung zuerst nach Schottland und von dort in die Neue Welt. Seither dominieren die schottischen Unternehmen in ihrer Anzahl und Vielfalt den Weltwhiskymarkt.

Seinen Namen verdankt er dem gälischen »uisge beatha«, das später zu »uiskie« und Whisky wurde. Die ersten Aufzeichnungen stammen aus dem späten 15. Jahrhundert und im 16./17. Jahrhundert war das Whiskybrennen in ganz Schottland verbreitet. In unzähligen kleinen Hausbrennereien wurde in Brennblasen, den »Pot Still«, aus Gerstenmalz ein kräftiger »Malt Whisky« gebrannt. Eine neue, ab 1830 praktizierte Destilliermethode ermöglichte die Produktion von »Grain (Getreide) Whisky«. Eine Kombination aus beiden ergab ab 1860 den leichteren »Blended Whisky«.

Mit dem Blended verbreitete sich der Whisky über England hinaus in der ganzen Welt. Seit den 1980er-Jahren entwickelte sich der wiederentdeckte Malt Whisky nicht nur in deutschsprachigen Ländern zum Kultgetränk, und die derzeit knapp 90 aktiven Maltbrennereien brachten eine Flut von unterschiedlichen Abfüllungen auf den Markt.

In diesem Aufwind kam auch der irische Whiskey wieder zu Ehren. Viele seiner Herstellungsschritte sind jedoch wesentlich anders als beim großen Nachbarn in Schottland. Die Qualität ist unbestritten, und Irish Whiskeys werden auf den Exportmärkten vielfältig angeboten. In die USA brachten die Auswanderer die Kunst des Destillierens mit, und um 1640 wird erstmals von einer Roggenbrennerei berichtet. Der aus Roggen (»Rye«) gewonnene Whiskey war der ursprüngliche, und auch er erlebt eine Renaissance. Erst später begann man, Whiskeys aus Mais (»Bourbon«) herzustellen, und dieser gilt als »der« amerikanische Whiskey. Von den USA weitete sich die Produktion auf Kanada aus. Auch der »Canadian« erlangte Weltgeltung. Alle eignen sich, ob mit oder ohne »e« geschrieben, zum Mixen.

Grant's & Glenfiddich

Die Whiskydynastie William Grant besitzt das größte unabhängige Unternehmen im schottischen Whiskygeschäft, und ausgelöst durch ihren Glenfiddich fand der schottische Whisky zu seinem Ursprung zurück. Denn 1963 setzte man eine risikoreiche Entscheidung um und brachte als Erster einen Single Malt Whisky auf den Markt. Dies war der Glenfiddich in seinen berühmten grünen, dreieckigen Flaschen.

Vor über 120 Jahren erbaute William Grant mit seinen sieben Söhnen im schottischen Städtchen Dufftown die berühmte Glenfiddich Distillery, und 1887 floss der erste Whisky. Wie alle Brennereien vermarktete Grant seinen Whisky direkt und lieferte ihn an die damals aufkommenden Blending-Firmen. Doch auch Grant's eigene Blended Marke »Standfast«, heute »Family Reserve«, wurde zu einer Größe. Hiervon werden jährlich weit über 50 Millionen Flaschen verkauft.

Das mutige Vorhaben, einen reinen Malt Whisky anzubieten, wurde 1963 mitleidig belächelt und der Idee keinen Erfolg vorausgesagt.

Glenfiddich kam damals als 8-jähriger Single Malt auf den Markt und seit dem Jahr 2000 wird die Standardversion als 12-jähriger angeboten. Neben diesem gibt es ihn als 15-, 18-, 21-, 30 - und 40-jährigen, sowie in zahlreichen Jahrgangsabfüllungen. Glenfiddich ist mit jährlich ca. 10 Millionen Flaschen der mit Abstand meistverkaufte Single Malt Whisky und die bekannteste Marke. Mit ihm legte man den Grundstein für den Malt-Whisky-Boom, und Malt-Whisky-Enthusiasten rühmen die Qualität und Vielfalt des Angebots.

Irish Coffee

4 cl Irish Whiskey
brauner Rohrzucker
1 Tasse heißer Kaffee
leicht geschlagene Sahne

Zubereitung Ein Stielglas mit heißem Wasser erwärmen. Irish Whiskey, Rohrzucker und Kaffee in das Glas geben und verrühren. Mithilfe eines Barlöffels die Sahne als Haube darauf setzen.

Anmerkung *Der Erfolg des Irish Coffee führte zu vielen weiteren Rezepten. Viele Spirituosen und Liköre werden verwendet, und auch zahlreiche Spirituosen-Likör-Varianten wurden kreiert. Besonders geeignet sind Cognac, brauner Rum, Cointreau, Grand Marnier, Amaretto, Nuss-, Kaffee- und Creamliköre. Auch mit Rum und Kaffeelikör oder mit Crème de Menthe und Crème de Cacao lassen sich ansprechende Hot Coffees herstellen.*

Old Fashioned

Foto Seite 64

1 Stück Würfelzucker

2 Spritzer Angostura

je ½ Orangen- und Zitronenscheibe und 1 Cocktailkirsche

5 cl Whisky (klassisch Bourbon oder Rye)

Zubereitung Den Würfelzucker in einem Old-Fashioned-Glas (Tumbler) mit Angostura tränken und etwas klares Wasser dazugeben. Den Zuckerwürfel mit einem Barlöffel zerdrücken. Die halbe Orangen- und Zitronenscheibe in das Glas legen und mit dem Barlöffel etwas andrücken. Das Glas mit Eiswürfeln füllen und den Whisky dazugießen. Mit dem Barlöffel umrühren und eine Cocktailkirsche als Garnitur dazugeben.

Hot Toddy

5 cl Whisky

3 cl Zitronensaft

2 cl Zuckersirup

1 Zitronenscheibe, Nelken, 1 Zimtstange

Zubereitung Whisky, Zitronensaft und Zuckersirup in einem Gefäß erhitzen und in ein geeignetes Glas geben. Mit heißem Wasser auffüllen. Die Zitronenscheibe mit einigen Nelken spicken und mit der Zimtstange als Dekoration dazugeben.

Anmerkung *Zum Hot Toddy eignen sich anstelle von Whisky auch Gin, Cognac oder brauner Rum.*

Manhattan

5 cl Whisky (klassisch Canadian, Rye oder Bourbon)

2 cl Vermouth Rosso

1 Spritzer Angostura

1 Cocktailkirsche

Zubereitung Whisky, Vermouth Rosso und Angostura in ein Rührglas auf viel Eiswürfel geben und gut verrühren. In ein vorgekühltes Cocktailglas abgießen und eine Cocktailkirsche als Garnitur dazugeben.

Anmerkung *Der Manhattan folgt dem Martini Cocktail in Bekanntheit und Berühmtheit. Er wird auch gerne als Dry und Perfect Manhattan gemixt. Beim Dry ersetzt man den Vermouth Rosso durch trockenen Vermouth, und anstelle der Cocktailkirsche kommt Zitronenschale dazu. Beim Perfect nimmt man Vermouth Rosso und Vermouth Dry.*

Rusty Nail

4 cl Blended oder Malt Scotch Whisky

2 cl Drambuie Liqueur

Zubereitung Whisky und Drambuie Liqueur mit Eiswürfeln im Rührglas verrühren und in ein vorgekühltes Cocktailglas abgießen. Man kann den Drink auch direkt im kleinen Tumbler mit Eiswürfeln anrichten.

Anmerkung *Rusty Nail sowie B and B, Black Russian (White Russian) und Stinger, die ebenfalls in diesem Buch vorgestellt werden, sind berühmte und klassische After-Dinner-Drinks.*

Horse's Neck
links im Foto

Zitronenschalenspirale

2 Spritzer Angostura

6 cl Whisky (klassisch Bourbon)

kaltes Ginger Ale

Zubereitung In ein großes Longdrinkglas einige Eiswürfel und eine Zitronenschalenspirale geben. Angostura und Whisky dazugeben und mit Ginger Ale auffüllen.

Anmerkung *In manchen Rezeptbüchern wird anstelle von Whisky oft Cognac genannt. Doch Bourbon, Rye und auch der Canadian haben sich durchgesetzt.*

Whisky Sour
rechts im Foto

5 cl Whisky

3 cl Zitronensaft

2 cl Zuckersirup

½ Orangenscheibe und
1 Cocktailkirsche

Zubereitung Whisky, Zitronensaft und Zuckersirup im Shaker mit Eiswürfeln kräftig schütteln und in ein kleines Stielglas oder in einen kleinen Tumbler auf einige Eiswürfel abgießen. Eine halbe Orangenscheibe und eine Cocktailkirsche als Garnitur dazugeben.

Anmerkung *Der Whisky Sour ist einer der großen Klassiker, die auf der Basis Spirituose-Zitrone-Zucker gemixt werden.*

Cocktails mit Champagner

Champagner, dieser prickelnde Hochgenuss, vermittelt stets ein außergewöhnliches Vergnügen. Er ist immer die richtige Wahl und kennt keine Tageszeit. Viele international berühmte Mixrezepte wurden mit ihm entwickelt und sind bis heute aktuell. Ob fruchtig als Bellini oder aromatisiert als Kir Royal, Champagnerdrinks haben immer Saison.

Champagner

Die Heimat des Champagners ist eine weite, zum Teil recht hügelige Landschaft nordöstlich von Paris: die Champagne. Dort werden auf etwa 3 % der Weinanbaufläche Frankreichs die Reben für den edelsten Schaumwein der Welt angebaut. Das wichtigste Kriterium für die enge Begrenzung des Gebiets war die Beschaffenheit der Böden. Die Kreideböden und die Mikroelemente in der Champagne sind einmalig, und nirgendwo sind die Voraussetzungen für die Erzeugung von Schaumwein so günstig wie in dieser Region.

Schon vor 2000 Jahren gab es in der Champagne Wein, doch der Champagner, wie wir ihn heute kennen, entwickelte sich erst ab dem frühen 18. Jahrhundert. Auch erste Gründungen von Champagnerhäusern datieren ab dieser Zeit. Viele der Champagnerfirmen verfügen über riesige Kelleranlagen, die zum Teil bereits in der Römerzeit vor rund 2000 Jahren in die Kreideböden gegraben wurden. Die wichtigsten Arbeitsschritte der »Méthode Champenoise« wurden jedoch erst im 19. Jahrhundert entwickelt. Es sind nur drei Rebsorten für den Anbau zulässig: der weiße Chardonnay und die blauen Pinot Noir und Pinot Meunier. Grundsätzlich besteht ein Champagner aus mehreren Weinen verschiedener Lagen und Jahrgänge (Ausnahme: Jahrgangschampagner), zusammengestellt zu einer »Cuvée«. Die in Flaschen gefüllten Weine erhalten zur Einleitung einer zweiten Gärung einen Zusatz aus altem Wein, Hefe und Zucker. Gelagert wird in Rüttelpulten. Nach mindestens 15 Monaten Lagerung in der Flasche können dann die Gärungsrückstände, die sich am Flaschenhals gebildet haben, entfernt werden. Dies geschieht mittels einer Gefrierlösung. Die fehlende Menge wird mit einem Zusatz aus Wein und Zucker ausgeglichen. Diese bestimmt den Charakter des Champagners. Von den jährlich etwa 300 Millionen hergestellten Flaschen tragen fast 99 % die Bezeichnung »Brut« (herb) mit einem Restzuckergehalt von weniger als 15 g pro Liter.

Piper-Heidsieck & Charles Heidsieck

Im 18. und 19. Jahrhundert wurden die meisten der großen Champagnerhäuser gegründet, und bis heute finden sich darunter viele deutsche Namen. Der große Erfolg ihrer Unternehmen endete jedoch nach dem Ersten Weltkrieg, als alle deutschen Produzenten enteignet wurden. Einer der großen Namen war (und ist) Heidsieck. Florens-Louis Heidsieck, ein gebürtiger Westfale, ließ sich 1777 in Reims nieder und gründete 1785 das Champagnerhaus Heidsieck und Co. Die Geschichte der Heidsieck-Champagner ist etwas verwirrend, da es heute mit Charles Heidsieck, Piper-Heidsieck und Heidsieck & Co. Monopole drei Häuser gibt. Das größte darunter, Piper-Heidsieck, produziert jährlich rund 5 Millionen Flaschen und ist seit 1988 im Besitz der Cognacdynastie Rémy Martin. Charles Heidsieck produziert etwa 3 Millionen Flaschen und ist seit 1985 ebenfalls bei Rémy Martin. Heidsieck & Co. Monopole, das kleinste der Heidsieck-Häuser, wurde 1978 von der noch jungen Champagnerfirma Vranken übernommen. Während Charles Heidsieck in Deutschland nur mit einer Sorte, dem »Brut Réserve«, vertreten ist, bietet Piper-Heidsieck fünf Qualitäten an. Der Hauptmarke »Brut« steht ein »Millésime (Jahrgang) Brut« zur Seite. Die Topmarke ist die »Cuvée Rare«, ein Suprême-Champagner der Extraklasse. Weiterhin wird der »Rosé Sauvage Brut« und die etwas lieblichere »Cuvée Sublime Demi-sec« angeboten.

Black Magic

2 cl Cointreau

5 cl kalter roter Traubensaft

8 cl kalter Champagner

rote Weintrauben

Zubereitung In ein großes Stielglas einen Eiswürfel, Cointreau und kalten Traubensaft geben. Mit Champagner aufgießen, mit roten Trauben garnieren.

Pimm's Royal

Foto Seite 74

4 cl Pimm's

10 cl kalter Champagner

Zitronenschale, Gurkenschale,
1 Cocktailkirsche

Zubereitung In ein Longdrinkglas einige Eiswürfel geben. Den Pimm's dazugießen und mit Champagner auffüllen. Zitronenschale, Gurkenschale und Cocktailkirsche als Garnitur dazugeben.

Anmerkung *Der Pimm's ist ein Longdrinkklassiker und wird mit Ginger Beer, Ginger Ale oder Seven Up getrunken. Die edle Variante davon ist der Royal.*

Black Velvet

1 Teil kalter Champagner

1 Teil Guinness Stout

Zubereitung Den Champagner in ein Kelchglas gießen und mit Guinness Stout langsam auffüllen.

Anmerkung *Der Black Velvet ist das edelste Biermischgetränk und wird als Katerkiller geschätzt.*

Champagner Cocktail

1 Stück Würfelzucker

2 Spritzer Angostura

2 cl Cognac

10 cl kalter Champagner

½ Orangenscheibe und
1 Cocktailkirsche

Zubereitung In ein Kelchglas den Würfelzucker geben und mit Angostura tränken. Den Cognac und einen Eiswürfel dazugeben. Mit Champagner aufgießen. Die halbe Orangenscheibe und die Cocktailkirsche als Garnitur dazugeben.

Beauty Orange

6 cl frisch gepresster
Orangensaft

2 cl Cointreau

8 cl kalter Champagner

½ Orangenscheibe

Zubereitung Orangensaft und Cointreau im Shaker mit Eiswürfeln kräftig schütteln und in ein Kelchglas gießen. Mit Champagner auffüllen und eine halbe Orangenscheibe als Garnitur dazugeben.

Bellini

links im Foto

1 weißer Pfirsich

kalter Champagner

Zubereitung Den Pfirsich schälen, entkernen und das Fruchtfleisch pürieren. Das Pfirsichpüree in ein Kelchglas geben und unter leichtem Umrühren mit kaltem Champagner aufgießen.

Anmerkung *Im Feinkosthandel werden hervorragende fertige Fruchtpürees angeboten. Mit diesen kann man die oft nur schwer erhältlichen weißen Pfirsiche ersetzen und weitere Varianten versuchen.*

Kir Royal

rechts im Foto

1 cl Crème de Cassis

10 cl kalter Champagner

Zubereitung Crème de Cassis in ein Kelchglas geben und mit kaltem Champagner aufgießen.

Anmerkung *Der Kir Royal ist die prickelnde Variante des original Kir, der mit weißem Burgunder zubereitet wird (S. 107).*

Cocktails mit großen Marken

Die Welt der Spirituosen und Liköre bietet eine unglaubliche Vielfalt. Neben den Klassikern werden viele vor Jahrzehnten bei uns noch unbekannte Früchte mittlerweile auch zum Likör veredelt angeboten. Auch die nun erhältlichen Sirupe, Früchte, Fruchtsäfte und Limonaden erweiterten die Möglichkeiten beim Mixen um ein Vielfaches.

Große Marken

In den vorangegangenen Kapiteln wurden die großen Spirituosen vorgestellt. Diese destillierten Spirituosen bilden das Rückgrat der Mixrezepte und werden dann mit Likören, Säften und Sirupen zu Cocktails oder Mixgetränken. Die großen Klassiker darunter bestehen häufig nur aus zwei oder drei flüssigen Zutaten. Sie wurden weltberühmt und haben oft seit ihrer Entstehung keine oder nur geringe Veränderungen erfahren. Die Einfachheit lag damals auch im geringeren Angebot begründet, und erst die Entwicklung vieler neuer Liköre, Sirupe, Fruchtsäfte und Limonaden, sowie die mittlerweile zu jeder Jahreszeit erhältlichen Früchte schufen die heutige Rezeptinflation. Doch besucht man eine Bar, dann wird man feststellen, dass vor allem die Klassiker und nur wenige Newcomer das Angebot beherrschen. Einige der »neuen« Klassiker wie Piña Colada und Caipirinha konnte man bei uns lange nicht mixen, weil es an den Zutaten fehlte. Diese haben heute ihren Platz unter den großen Drinks durchaus verdient und sich erfolgreich eingefügt. Bis in die 1960er-Jahre wurde noch viel weniger mit Wodka oder Rum gemixt. Erst dann ging es aufwärts, und es folgten später Tequila und Cachaça. Auch die Vielfalt der Liköre wuchs erst Ende der 1970er-Jahre. Ein Meilenstein dafür war 1978 das berühmte Cassis-Urteil des Europäischen Gerichtshofs. Dieser entschied, dass Produkte anderer Mitgliedsländer der damaligen EG, auch wenn sie nicht den deutschen Bestimmungen entsprachen, zur Einfuhr zugelassen werden mussten. Damit war der Weg frei für den Cassis und die Creamliköre. Auch neuartige Liköre aus Melonen, Pfirsichen, Maracujas, Kokos und Erdbeeren erweiterten ab dieser Zeit das Angebot der klassischen Liköre.

Im Grunde genügen beim Mixen die drei wichtigsten Komponenten, nämlich Spirituose/süß/sauer. Das ausgewogene Verhältnis ist die eigentliche Kunst beim Mixen, nicht das »Töten« einer Spirituose mit drei Sirupen und fünf Fruchtsäften.

Bekannte Marken

AMARULA ist einer der bekanntesten Creamliköre und stammt aus Südafrika. Seine alkoholische Basis ist ein Obstbrand aus Amarulafrüchten.

COINTREAU ist ein klarer Orangenlikör und die weltweit führende Marke. Zum Mixen ist er unentbehrlich, und viele große Klassiker wurden mit ihm entwickelt.

DRAMBUIE ist einer der großen exquisiten Liköre der Welt. Dieser schottische Whisky-Honig-Likör wird aus altem schottischen Malt Whisky, Heidehonig und Kräutern komponiert. Sein Name stammt vom gälischen »an dram buidheach«. Er bedeutet »ein Trank, der zufrieden macht«.

Beim **GALLIANO** ist man im Jahr 2008 wieder zu der bereits bis 1960 verwendeten Originalrezeptur zurückgekehrt. Seither präsentiert er sich wesentlich vielschichtiger.

MIDORI, der grüne Melonenlikör, wird vom japanischen Spirituosenkonzern Suntory in Mexiko hergestellt. Er ist sehr anpassungsfähig und hat einen intensiven Melonengeschmack.

PITÚ wurde bereits in den 1950er-Jahren nach Deutschland importiert. Er ist bei uns die bekannteste Cachaça-Marke (Cachaça ist eine brasilianische Zuckerrohrspirituose, aber kein Rum), und mit ihm begann in den 1990er-Jahren der große Erfolg des Caipirinha.

Pisco Tonto

4 halbe Orangenscheiben

1 geviertelte Limette

6 cl Pisco

2 Barlöffel brauner Rohrzucker

Zubereitung In einem großen Tumbler die Orangenscheiben und die Limettenviertel mit einem Holzstößel ausdrücken. Pisco und Rohrzucker dazugeben und mit einem Barlöffel gut vermischen. Das Glas mit grob zerschlagenen Eiswürfeln füllen und nochmals vermischen.

Caipirinha

Foto Seite 84

1 Limette

6 cl Cachaça

2 Barlöffel weißer, ersatzweise brauner Rohrzucker

Zubereitung Die Limette in acht Teile zerschneiden und in einem großen Tumbler mit einem Holzstößel ausdrücken. Cachaça und Rohrzucker dazugeben und mit einem Barlöffel vermischen. Das Glas mit Eiswürfeln oder grob zerschlagenen Eisstücken füllen und nochmals gut vermischen.

Anmerkung *Der Caipirinha ist seit den 1990er-Jahren einer der beliebtesten Mixdrinks. Obwohl bereits seit den 1950er-Jahren Cachaça der Marke Pitú importiert wurde, setzte sein Siegeszug erst mit der ständigen Verfügbarkeit der Limetten ein.*

Batida de Mel

1 Limette

6 cl Cachaça

6 cl Rose's Lime Juice

1 Barlöffel Honig

Zubereitung Die Limette in acht Teile zerschneiden und in einem großen Tumbler mit einem Holzstößel ausdrücken. Cachaça, Rose's Lime Juice und Honig dazugeben und mit einem Barlöffel vermischen. Das Glas mit Eiswürfeln oder grob zerschlagenen Eisstücken füllen und alles nochmals gut vermischen.

Hot Caipi

1 Limette

3 Esslöffel brauner Rohrzucker

heißes Wasser

6 cl Cachaça

Zubereitung Die Limette in acht Teile zerschneiden und in einen Becher oder ein dickwandiges Glas geben. Mit einem Holzstößel die Limettenstücke ausdrücken und den Rohrzucker darüberstreuen. In einem kleinen Topf genügend (etwa ⅛ Liter) Wasser erhitzen und in den Becher geben. Den Cachaça dazugießen und mit einem langen Löffel umrühren.

Pisco Sour

5 cl Pisco

3 cl Zitronensaft

2 cl Zuckersirup

½ Orangenscheibe und
1 Cocktailkirsche

Zubereitung Pisco, Zitronensaft und Zuckersirup im Shaker mit Eiswürfeln kräftig schütteln und in ein kleines Stielglas oder in einen kleinen Tumbler auf einige Eiswürfel abgießen. Eine halbe Orangenscheibe und eine Cocktailkirsche als Garnitur dazugeben.

Americano

3 cl Campari

3 cl Vermouth Rosso

kaltes Sodawasser

Orangen- und Zitronenschale

Zubereitung In ein Longdrinkglas einige Eiswürfel geben. Campari und Vermouth Rosso dazugeben und mit kaltem Sodawasser auffüllen. Mit Orangen- und Zitronenschale abspritzen und diese als Garnitur dazugeben.

Anmerkung *Gibt man etwas Gin dazu, erhält man einen Negroni. Dieser kann auch ohne Sodawasser gemixt wordon.*

Twisting Aperol

links im Foto

Kumquats

4 cl Aperol

kalter Prosecco

Zubereitung Einige Kumquats von allen Seiten mit einem Cocktailspieß mehrmals einstechen und mit dem Aperol in ein Stielglas geben. Mit Prosecco auffüllen.

Vermouth-Cassis

rechts im Foto

4 cl Vermouth Dry

2 cl Crème de Cassis

kaltes Sodawasser

Zitronenschale

Zubereitung In ein Longdrinkglas einige Eiswürfel geben. Vermouth Dry und Crème de Cassis dazugeben und mit kaltem Sodawasser aufgießen. Mit einem Barlöffel leicht umrühren. Mit einer Zitronenschale abspritzen und als Garnitur dazugeben.

Sommertraum

3 cl Himbeergeist

1 cl Grenadine

kaltes Bitter Lemon

einige Himbeeren

Zubereitung In ein Longdrinkglas einige Eiswürfel geben. Himbeergeist und Grenadine dazugeben und mit kaltem Bitter Lemon aufgießen. Mit einem Barlöffel gut verrühren und einige Himbeeren als Garnitur dazugeben.

Italian Gipsy

4 cl Aperol

4 cl frisch gepresster Orangensaft

kalter Prosecco

½ Orangenscheibe

Zubereitung Aperol und Orangensaft mit etwas Eis in ein großes Stielglas geben und mit kaltem Prosecco aufgießen. Eine halbe Orangenscheibe als Garnitur dazugeben.

Florida Star

4 cl Aperol

4 cl Grapefruitsaft

kaltes Tonic Water

¼ Grapefruitscheibe

Zubereitung In ein Longdrinkglas einige Eiswürfel geben. Aperol und Grapefruitsaft dazugeben und mit kaltem Tonic Water aufgießen. Das Grapefruitstück als Garnitur dazugeben.

Swiss Shake

2 cl Kirschwasser
4 cl Schokoladenlikör
4 cl Sahne
Schokoladenflocken

Zubereitung Kirschwasser, Schokoladenlikör und Sahne im Shaker mit Eiswürfeln kräftig schütteln und in eine Cocktailschale abgießen. Mit Schokoladenflocken dekorativ bestreuen.

Tomate

4 cl Pernod oder Pastis
1 cl Grenadine
eiskaltes Wasser

Zubereitung Pernod oder Pastis und Grenadine in ein mit Eiswürfeln gefülltes Longdrinkglas geben. Mit klarem, eiskaltem Wasser auffüllen und mit einem Barlöffel umrühren.

Anmerkung *Verwendet man anstelle der Grenadine Pfefferminzsirup, dann nennt sich der Drink Perroquet, mit Mandelsirup wird es ein Mauresque.*

Big Apple

2 cl Calvados

3 cl Vermouth Dry

2 cl Pfirsichlikör

Miniapfel aus der Dose

Zubereitung Calvados, Vermouth Dry und Pfirsichlikör im Rührglas mit Eiswürfeln gut verrühren und in ein vorgekühltes Cocktailglas abgießen. Einen Miniapfel dekorativ an den Glasrand stecken.

Rose

links im Foto

3 cl Kirschwasser

3 cl Vermouth Dry

1 Barlöffel Grenadine

1 Cocktailkirsche

Zubereitung Kirschwasser, Vermouth Dry und Grenadine im Rührglas mit Eiswürfeln gut verrühren und in ein vorgekühltes Cocktailglas abgießen. Eine Cocktailkirsche als Garnitur dazugeben.

Cassis Lady

rechts im Foto

3 cl Crème de Cassis

1 ½ cl Kirschwasser

1 ½ cl Vermouth Dry

Orangenschalenspirale

Zubereitung Crème de Cassis, Kirschwasser und Vermouth Dry im Rührglas mit Eiswürfeln gut verrühren und in ein vorgekühltes Cocktailglas abgießen. Eine dünne Orangenschalenspirale als Garnitur dazugeben.

Amaretto Cooler

links im Foto

6 cl Amaretto

6 cl Cranberrynektar

6 cl frisch gepresster Orangensaft

½ Orangenscheibe

Zubereitung Amaretto, Cranberrynektar und Orangensaft mit Eiswürfeln im Shaker kräftig schütteln und in ein großes Glas auf Crushed Ice abgießen. Eine Orangenscheibe als Garnitur dazugeben.

Italian Surfer

rechts im Foto

3 cl Amaretto

3 cl Brandy

12 cl Ananassaft

1 Stück Ananas

Zubereitung Amaretto, Brandy und Ananassaft mit Eiswürfeln im Shaker kräftig schütteln und in ein großes Glas auf Crushed Ice abgießen. Ein Ananasstück als Garnitur dazugeben.

Jack Rose

4 cl Calvados

2 cl Zitronensaft

1 cl Grenadine

Zitronenschalenspirale

Zubereitung Calvados, Zitronensaft und Grenadine mit Eiswürfeln im Shaker kräftig schütteln und in eine Cocktailschale abgießen. Mit einer dünnen Zitronenschalenspirale garnieren.

Peach Cocktail

4 cl Pfirsichlikör

2 cl Vermouth Dry

½ cl Grenadine

1 Stück Pfirsich

Zubereitung Pfirsichlikör, Vermouth Dry und Grenadine mit Eiswürfeln im Cocktailshaker kräftig schütteln und in ein Cocktailglas abgießen. Mit einem Pfirsichstück garnieren.

Bentley

3 cl Calvados

3 cl Dubonnet Rouge

Zitronenschalenspirale

Zubereitung Calvados und Dubonnet Rouge im Rührglas mit Eiswürfeln gut verrühren und in ein vorgekühltes Cocktailglas abgießen. Eine dünne Zitronenschalenspirale als Garnitur dazugeben.

Kir

1 cl Crème de Cassis

10 cl kalter trockener Weißwein (vorzugsweise Burgunder)

Zubereitung Crème de Cassis in ein Kelchglas geben und mit dem kalten Weißwein aufgießen.

Anmerkung *Die prickelnde Variante ist der Kir Royal, der mit Champagner oder trockenem Sekt aufgefüllt wird (siehe Seite 83).*

Cointreau-politan

5 cl Cointreau

2 cl Limettensaft

1 cl Cranberrynektar

Orangenschalenspirale

Zubereitung Cointreau, Limettensaft und Cranberrynektar mit Eiswürfeln im Shaker kräftig schütteln und in ein Cocktailglas abgießen. Mit einer dünnen Orangenschalenspirale garnieren.

Anmerkung *Dies ist eine Version des Cosmopolitan, der durch die US-Fernsehserie »Sex in the City« berühmt wurde.*

Midori Sour
links im Foto

5 cl Midori Melon Liqueur

3 cl Zitronensaft

2 cl Rose's Lime Juice

1 Cocktailkirsche

Zubereitung Midori Melon Liqueur, Zitronensaft und Rose's Lime Juice im Shaker mit Eiswürfeln kräftig schütteln und in ein kleines Stielglas oder in einen kleinen Tumbler auf einige Eiswürfel abgießen. Eine Cocktailkirsche als Garnitur dazugeben.

Green Sex Machine
rechts im Foto

4 cl Midori Melon Liqueur

2 cl Rose's Lime Juice

kalter Sekt

Melonenstücke, Cocktailkirschen, 1 Minzezweig

Zubereitung Midori Melon Liqueur und Rose's Lime Juice mit Eiswürfeln in ein großes Glas geben und mit Sekt aufgießen. Als Garnitur einen Spieß mit Melonenstücken und Cocktailkirschen über den Glasrand legen und einen Minzezweig dazugeben.

Apricot Sour

4 cl Apricot Brandy

2 cl Zitronensaft

4 cl frisch gepresster Orangensaft

½ Orangenscheibe und 1 Cocktailkirsche

Zubereitung Apricot Brandy, Zitronen- und Orangensaft im Shaker mit Eiswürfeln kräftig schütteln und in ein kleines Stielglas oder in einen kleinen Tumbler auf einige Eiswürfel abgießen. Eine halbe Orangenscheibe und eine Cocktailkirsche als Garnitur dazugeben.

Drambuie Cooler

4 cl Drambuie Liqueur

2 cl Zitronensaft

12 cl frisch gepresster Orangensaft

½ Orangenscheibe

Zubereitung Drambuie Liqueur, Zitronen- und Orangensaft mit Eiswürfeln im Shaker kräftig schütteln und in ein Longdrinkglas auf Eiswürfel abgießen. Eine halbe Orangenscheibe als Garnitur dazugeben.

Cointreau Fiesta

2 cl Cointreau

1 cl Crème de Banane

kalter Sekt

Orangenschale

Zubereitung In einen Sektkelch einen Eiswürfel, Cointreau und Crème de Banane geben. Mit kaltem Sekt aufgießen. Mit einer Orangenschale abspritzen und diese als Garnitur dazugeben.

Velvet Hammer

3 cl Cointreau

3 cl Kaffeelikör

3 cl Sahne

Kaffeepulver

Zubereitung Cointreau, Kaffeelikör und Sahne mit Eiswürfeln im Shaker kräftig schütteln und in eine Cocktailschale abgießen. Mit etwas Kaffeepulver dekorativ bestreuen.

Grasshopper

3 cl Crème de Menthe grün

3 cl Crème de Cacao weiß

3 cl Sahne

1 Minzezweig

Zubereitung Crème de Menthe, Crème de Cacao und Sahne mit Eiswürfeln im Shaker kräftig schütteln und in eine Cocktailschale abgießen. Mit einem Minzezweig garnieren.

Anmerkung *Der Grasshopper ist nach dem Brandy Alexander der berühmteste Sahnedrink. Beide sind Klassiker und werden in vielen Varianten gemixt. Bekannt ist auch der Coffee Grasshopper, der mit Crème de Menthe weiß und Kaffeelikör gemixt wird.*

Passoã Exclusita

links im Foto

3 cl Passoã Maracuja Liqueur

3 cl Cointreau

12 cl frisch gepresster Orangensaft

1 Erdbeere

Zubereitung Passoã Maracuja Liqueur, Cointreau und Orangensaft mit Eiswürfeln im Shaker kräftig schütteln und in ein Longdrinkglas auf Crushed Ice abgießen. Mit einer ganzen Erdbeere garnieren.

Scarlett O'Hara

rechts im Foto

5 cl Southern Comfort

2 cl Limettensaft

5 cl Cranberrynektar

Limettenschale

Zubereitung Southern Comfort, Limettensaft und Cranberrynektar mit Eiswürfeln im Shaker kräftig schütteln und in eine Cocktailschale abgießen. Mit einer Limettenschale garnieren.

Anmerkung *Vivian Leigh, die Scarlett in dem Südstaatenepos »Gone with the Wind«, hatte ein Faible für diesen Drink.*

Amarula Star

4 cl Amarula Fruit Cream Liqueur

1 ½ cl Amaretto

2 cl Bourbon Whiskey

1 Prise Kakaopulver

Zubereitung Amarula Fruit Cream Liqueur, Amaretto und Bourbon Whiskey mit Eiswürfeln im Shaker kräftig schütteln und in ein Cocktailglas abgießen. Mit einer Prise Kakaopulver dekorativ bestreuen.

African Swing

3 cl Amarula Fruit Cream Liqueur

3 cl Wodka

5 cl frisch gepresster Orangensaft

1 große Orangenzeste

Zubereitung Amarula Fruit Cream Liqueur, Wodka und Orangensaft mit einigen Eiswürfeln im Shaker kräftig schütteln und in ein großes Becherglas auf grob zerschlagene Eiswürfel abgießen. Die Orangenzeste darüber ausdrücken und diese als Garnitur dazugeben.

Golden Eye

3 cl Amarula Fruit Cream Liqueur

3 cl Kirschwasser

1 ½ cl Crème de Banane

1 Bananenscheibe und
1 Cocktailkirsche

Zubereitung Amarula Fruit Cream Liqueur, Kirschwasser und Crème de Banane mit Eiswürfeln im Shaker kräftig schütteln und in ein Cocktailglas abgießen. Mit Bananenscheibe und Cocktailkirsche garnieren.

Cherry Banana

4 cl Cherry Brandy

2 cl Crème de Banane

4 cl Sahne

Bananenscheiben und
1 Cocktailkirsche

Zubereitung Cherry Brandy, Crème de Banane und Sahne mit Eiswürfeln im Shaker kräftig schütteln und in ein Cocktailglas abgießen. Einen Spieß mit Bananenscheiben und einer Cocktailkirsche dekorativ über den Glasrand legen.

Brasil Tropical

links im Foto

6 cl Batida de Côco

10 cl Grapefruitsaft

2 cl Erdbeersirup

1 Erdbeere

Zubereitung Batida de Côco, Grapefruitsaft und Erdbeersirup mit Eiswürfeln im Shaker kräftig schütteln und in ein Longdrinkglas auf einige Eiswürfel abgießen. Eine Erdbeere dekorativ an den Glasrand stecken.

Lunatico

rechts im Foto

1 Kiwi

6 cl Batida de Côco

8 cl Maracujanektar

Zubereitung Von der Kiwi eine Scheibe aus der Mitte abschneiden und zur Seite legen. Den Rest der Frucht schälen, zusammen mit Batida de Côco und Maracujanektar im Elektromixer durchmixen. Ein großes Glas mit Crushed Ice füllen und die Mischung dazugießen. Die Kiwischeibe an den Glasrand stecken.

Batida Sunrise

4 cl Batida de Côco

12 cl Ananassaft

2 cl Kirschlikör

1 Cocktailkirsche

Zubereitung Ein Longdrinkglas mit Crushed Ice füllen. Batida de Côco und Ananassaft dazugießen und gut umrühren. Darüber den Kirschlikör gießen und die Cocktailkirsche als Garnitur dazugeben.

Island Breeze

6 cl Malibu Coconut Liqueur

8 cl Cranberrynektar

6 cl Grapefruitsaft

½ Orangenscheibe

Zubereitung Malibu Coconut Liqueur, Cranberrynektar und Grapefruitsaft mit Eiswürfeln im Shaker kräftig schütteln und in ein Longdrinkglas auf einige Eiswürfel abgießen. Eine halbe Orangenscheibe als Garnitur an den Glasrand stecken.

B 52

2 cl Kahlúa Coffee Liqueur

2 cl Baileys Irish Cream Liqueur

2 cl Grand Marnier

Zubereitung Die Liköre in Schichten in ein kleines Glas geben. Dazu zuerst den Kahlúa eingießen. Dann den Baileys und den Grand Marnier mithilfe eines Barlöffels vorsichtig dazugeben.

Anmerkung *Der B 52 wird in unzähligen Rezeptvarianten gemixt. Viele davon sind mit hochprozentigem Rum als oberste Schicht. Wichtig dabei ist, dass der »schwerste« Likör zuerst eingefüllt wird, und der zuletzt zugegebene Teil der »leichteste« ist.*

Golden Cadillac

3 cl Galliano

3 cl Crème de Cacao weiß

3 cl Sahne

Zubereitung Galliano, Crème de Cacao und Sahne mit Eiswürfeln im Shaker kräftig schütteln und in ein Cocktailglas abgießen.

Anmerkung *Beim Galliano ist man im Jahr 2008 wieder zu der bereits bis 1960 verwendeten Originalrezeptur zurückgekehrt. Seither präsentiert sich der Galliano wesentlich vielschichtiger, mit reduzierter Süße und einem Hauch Anis.*

Golden Torpedo

3 cl Galliano

3 cl Amaretto

3 cl Sahne

Zubereitung Galliano, Amaretto und Sahne mit Eiswürfeln im Shaker kräftig schütteln und in ein Cocktailglas abgießen.

Anmerkung *Der Golden Torpedo ist ein milder und geschmacksintensiver Sahnedrink aus zwei Likören und Sahne wie der berühmte Grasshopper (siehe Seite 114).*

Pimm's No I Cup

5 cl Pimm's

kalte Zitronenlimonade »7 up«

je ½ Orangen- und Zitronenscheibe und 1 Cocktailkirsche

Zubereitung In ein großes Becherglas Eiswürfel und Pimm's geben. Mit der kalten, klaren Zitronenlimonade »7 up« auffüllen. Je eine halbe Orangen- und Zitronenscheibe und eine Cocktailkirsche dazugeben.

Anmerkung *Beim klassischen Rezept kommt auch noch je eine Gurken- und Apfelschale dazu.*

White Banana

3 cl Crème de Banane

3 cl Crème de Menthe weiß

3 cl Sahne

Zubereitung Crème de Banane, Crème de Menthe und Sahne mit Eiswürfeln im Shaker kräftig schütteln und in ein Cocktailglas abgießen.

Anmerkung *Diese interessante Kombination könnte man ohne Geschmacksveränderung auch mit der besser erhältlichen Crème de Menthe grün mixen. Dann ist der Drink jedoch nicht mehr »White«.*

Cocktailregister

Impressum

Der Autor

FRANZ BRANDL war in den 1970er-Jahren der Jüngste unter den wenigen deutschen Barmeistern, und einer der Wegbereiter des Wiederentstehens der Bar- und Cocktailkultur. Seit dem Erscheinen seines ersten Buchs, des MIX-GUIDEs im Jahre 1982, der in neuester Überarbeitung im Jahr 2006 in dieser Verlagsgruppe erschienen ist, folgten weitere rund 25 Bücher zu den Themen Cocktails und Getränkewarenkunde. Heute ist Franz Brandl beratend tätig und befasst sich mit dem Schreiben von Büchern rund um das Thema Bar.

Hinweis

Die Ratschläge in diesem Buch sind von Autor und Verlag sorgfältig erwogen und geprüft; dennoch kann eine Garantie nicht übernommen werden. Eine Haftung des Autors bzw. des Verlags und dessen Beauftragten für Personen-, Sach- und Vermögensschäden ist ausgeschlossen.

REDAKTIONSLEITUNG Susanne Kirstein

GESAMTPRODUCING, LAYOUT, DTP
v*büro – Jan-Dirk Hansen, München

KORREKTORAT Kerstin Windisch

UMSCHLAGGESTALTUNG
R. M. E. Eschlbeck/Kreuzer/Botzenhardt

REPRODUKTION Lorenz & Zeller, Inning a. A.

DRUCK UND VERARBEITUNG
Mohn media Mohndruck GmbH, Gütersloh

Printed in Germany

Impressum

Bildnachweis

Alle Cocktailfotos stammen von Reinhard Rohner Fotodesign, München. Titelbild: Stockfood, München (Lew Robertson)

Dank

Wir danken der Firma Team Spirit/Rheinberg www.teamspirit.de für die zur Verfügung gestellten Flaschenabbildungen und Informationen über diese Marken.

FSC Mix
Produktgruppe aus vorbildlich bewirtschafteten Wäldern und anderen kontrollierten Herkünften
www.fsc.org Zert.-Nr. SGS-COC-1425
© 1996 Forest Stewardship Council

Verlagsgruppe Random House
FSC-DEU-0100

Das für den Inhalt eingesetzte Papier *Condat silk*, geliefert durch die Deutsche Papier, wurde in dem FSC-(CoC) zertifizierten Werk Condat produziert.

ISBN 978-3-517-08486-2

9817 2635 4453 6271